AF253621

# LE
# MAL DONT NOUS SOUFFRONS

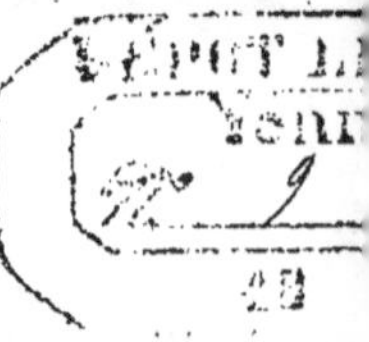

---

## CONFÉRENCE

Donnée à l'Hôtel de Ville de Tonnerre

### LE 14 DÉCEMBRE 1893

PAR

## E. BOUILLAT

« *Nous professons la vérité*
« *dans la charité.* »
(Saint Paul.)

---

## PRIX : 0 fr. 50

---

TONNERRE
TYPOGRAPHIE & LITHOGRAPHIE E. BERTRAND
4, RUE DE L'ANCIEN-COLLÈGE, 4

1894

# LE
# MAL DONT NOUS SOUFFRONS

## CONFÉRENCE

Donnée à l'Hôtel de Ville de Tonnerre

**LE 14 DÉCEMBRE 1893**

PAR

## E. BOUILLAT

« Nous professons la vérité
« dans la charité. »
(Saint PAUL.)

**PRIX : 0 fr. 50**

TONNERRE

TYPOGRAPHIE & LITHOGRAPHIE E. BERTRAND

4, RUE DE L'ANCIEN-COLLÈGE, 4

1894

# AVANT-PROPOS

*Il ne faut point chercher dans les pages qui suivent une œuvre de polémique, non plus qu'une dissertation savante.*

*Nous n'avons, en présentant cette étude au public, d'autre but que de faire entendre une parole à propos.*

*Le bon sens et la conscience, le souci d'amener nos Concitoyens à se préoccuper du grave danger moral qui nous menace, tels ont été nos mobiles et nos moyens.*

*Nous serions heureux si cet opuscule pouvait contribuer à réveiller le souci du but, la préoccupation des principes trop souvent omis ou méconnus parmi nous.*

*E. B.*

# LE MAL DONT NOUS SOUFFRONS

Conférence donnée à Tonnerre, le 14 Décembre 1893

Mesdames, Messieurs,

De mon naturel, je ne suis point pessimiste ; j'aime, au contraire, en toute chose chercher le beau et le bon côté. Mais il faudrait être aveugle pour ne pas voir la souffrance qui nous environne, sourd pour ne pas entendre la plainte qui s'élève de toutes parts, nourri d'illusions pour ne pas découvrir en soi quelque atteinte du mal général.

Oui, nous vivons au sein d'un état de choses anormal, funeste même, plus grave dans ses conséquences qu'une épidémie, plus onéreux qu'une défaite, plus navrant qu'un cataclysme.

La Société, la famille, la pensée sont contaminées ; étudions-y les manifestations du mal, nous en découvrirons la nature, le nom, ensuite nous y chercherons, si possible, un remède.

La Société d'abord. — Prise dans son ensemble, l'inégale répartition des profits et des charges, des devoirs et des droits, l'insouciance des uns, la rapacité des autres, amassent un trésor d'amertume dont la fermentation entretient entre les classes l'appréhension et la colère. Ainsi la Société se montre une famille de frères ennemis.

Dans ses fractions, elle ne vaut guère mieux. Voyez, par exemple, une ville comme la nôtre. Autant qu'il m'est possible d'en juger, l'union, le besoin d'agir en commun, l'esprit de corps, la solidarité n'y sont pas les traits essentiels de la conduite des citoyens. On se sépare, on se divise, parfois sur de mesquines raisons ou sur des questions de personnes, oubliant que les hommes passent ou changent, que seuls les principes demeurent. Et l'on en vient à vivre en rivaux, tout au moins à rester indifférents les uns aux autres, alors que l'on était fait pour s'entendre et marcher de concert.

Ceci est un grand mal.

Chaque fois que l'on supprime ou que l'on diminue la confiance mutuelle, on perd en pareille mesure la force pour le bien. La conscience individuelle en souffre, et l'on tombe dans un état de nonchalance morale tout à fait dangereux. Il ne peut plus y avoir, enfin, d'association dans le vrai sens du mot; il ne subsiste que la possibilité de se grouper en vue d'un intérêt éphémère sous l'empire d'une passion quelconque. Pénible extrémité.

Nous pouvons différer sur l'appréciation des causes et des remèdes; mais j'ai trop entendu déplorer le mal que je signale pour douter que vous le reconnaissiez avec moi, et qu'avec moi vous en estimiez la gravité comme supérieure à celle d'une épidémie. L'épidémie frappe des individus et respecte la masse; elle n'est que pour un temps, alors que l'état d'esprit que nous venons de constater s'infiltre par l'individu à la masse tout entière, et va toujours en s'aggravant.

Dans la famille, tout non plus n'est pas au mieux. Sans parler des désordres graves qui peuvent la compromettre dans ses bases mêmes, qui ne reconnaît aujourd'hui et ne regrette le manque de discipline et de respect qui, trop souvent, y règne. Le « Bon vieux Temps », aimé de quelques-uns, est mort et ne revivra plus. Laissons-le, avec tous les honneurs qui lui sont dûs, reposer au monument de l'Histoire. Mais si nous ne trouvons pas désirable son retour, au moins peut-il nous enseigner comment on obtient une famille où l'obéissance soit pratiquée selon les règles ; c'est-à-dire où les enfants soient aux ordres des parents et non les parents soumis aux volontés des enfants.

Il y a quelques jours à peine, l'on pouvait lire une boutade, plus spirituelle — peut-être — que juste, de l'écrivain si connu : Francisque Sarcey. Répondant à une consultation au sujet de la relation des enfants aux parents, il disait que l'obéissance n'est plus de mode aujourd'hui ; que c'est là un grand malheur ; que l'on ne saurait trop vigoureusement réagir contre cette tendance, et que lui, pour ce qui le regarde... eh bien, il fait comme tout le monde, *quitte à s'en vouloir de sa faiblesse, à en payer peut-être cher les conséquences.* Inconcevable légèreté, aveu naïf d'un manque de courage moral que nous ne saurions trop flétrir.

Car, enfin, l'homme sera demain ce que nous faisons de l'enfant aujourd'hui, et c'est, pour ne pas chercher plus loin, lui préparer dans la vie bien des déboires et des luttes que de le laisser dès son jeune âge marcher selon son penchant personnel. La vie est faite de devoirs, traversée de sacrifices. Malheur à qui n'y est pas préparé. Le découragement le guette, la chute le convoite ; il sortira forcément vaincu et meurtri d'une lutte où il eût pu remporter la victoire. Que de malfaiteurs, que de suicidés, de ces derniers surtout, ont dû leur chute, leur découragement sans remède à ce qu'ils n'ont pas connu la famille bien organisée, où leur caractère se fût trempé d'un courage viril. Et quand on pense aux maux sans nombre découlant de cette faute, ne la trouve-t-on pas, en réalité, plus décevante pour la Patrie qu'une défaite onéreuse. D'autre part, ne serait-il pas préférable à la famille de laisser ses enfants sur le champ de bataille, c'est-à-dire au champ du devoir, que de les trouver vaincus de la vie, rebuts de la Société, à charge à eux-mêmes, inutiles aux autres ?

La pensée, avons-nous dit, aujourd'hui, est malade elle-même. Elle va sans équilibre, comme en proie au délire de la fièvre. La littérature se fait ignoble. On dirait que l'encre limpide et pure, dont sait écrire le bon esprit français, s'épuise, et que la plupart des nouveaux venus ne trouvent à leur service que la boue dédaignée de leurs aînés.

En philosophie, l'on va au hasard, le pire des moyens pour marcher sûrement; et la religion, sans être atteinte dans son essence, a perdu de son prestige. Les uns pratiquent sans foi un culte sans autorité et sans influence morale sur leur vie. D'autres, par instinct ou par suite d'aspirations déçues, se tiennent à l'écart, dédaigneux ou boudeurs. Mais le formalisme des premiers, pas plus que le mécontentement des seconds, ne sauraient répondre aux besoins de l'âme.

Tout ceci est profondément mauvais. Ce que lit un peuple forme sa pensée et guide ses sentiments. Ce que pense un peuple règle sa vie. Ce que croit un peuple prépare son avenir. Or, l'immoralité mène à la ruine et l'absence de convictions fermes mène à la perte de la liberté.

En présence de ces extrémités, qu'est-ce qu'un cyclone, une inondation, un tremblement de terre? Si terribles qu'ils paraissent sur l'heure, ils passent; les ruines qu'ils font sont relevées et bientôt il n'y paraît plus.

## II

Il nous faut maintenant ramener, si possible, à un point de départ unique les diverses manifestations du mal que nous venons de considérer.

L'injustice dans la Société, l'absence d'union entre concitoyens, le manque de discipline dans la famille, enfin, les désordres de la pensée et l'affaiblissement des besoins religieux sont des faits appartenant au monde moral, bien qu'ils se fassent sentir jusque dans la vie matérielle. Ils découlent les uns et les autres d'une seule source :

*L'absence d'idéal.*

Voici comment :

On a forgé un mot facile, plus sonore que bien trouvé, pour désigner dans son ensemble le malaise dont souffre notre temps. On a dit « fin de siècle », et ce mot, qui ne répond à rien, on le fait répondre à tout. Cette expression est complètement fausse et capable d'induire en de grossières erreurs. Que veut-on, en effet, dire par là ? — Que le XIXe siècle s'achève ? Le calendrier suffit à le rappeler. — Que ce siècle moribond *doit* tourner en décomposition ? Il faudrait le prouver. Les lois de la conscience sont les mêmes de tout temps. Ce qui était mal en soi, il y a cinquante ans, n'a pas lieu d'être bien aujourd'hui. En vertu de quel principe voudrait-on qu'un siècle s'achevât dans l'orgie et la licence ? Passe encore, si ce siècle devait être le dernier et suivi immédiatement du néant absolu. Mais, fin de siècle ou fin d'année, fin de semaine ou fin de journée, tout se mesure au même cadran sur l'horloge des âges. Il n'y a pas d'autre règle de vie pour le soir que pour le matin, et ce qui est légitime le lundi ne saurait être coupable le samedi. Trève donc aux sophismes !

En vain l'on tenterait, même au nom de l'histoire, de vouloir nous enfermer dans je ne sais quel fatalisme de rencontre. Ce n'est pas un argument, pour toute raison, que de dire avec un personnage de Musset, si j'ai bonne mémoire : « Les choses étant ainsi ne sauraient être autrement ». Il est vrai que pour compléter la citation, il faut ajouter la restriction : « ... à moins qu'elles ne changeassent ». Oui ! « à moins qu'elles ne changeassent ! » Il faut toujours tenir compte de ce facteur. Rien ici-bas n'est immuable. Mais en ce qui nous occupe, c'est la liberté humaine qu'il ne faut jamais perdre de vue. La liberté, c'est le moteur du progrès, la puissance de transformation agissant avec ou malgré l'homme lui-même, souvent à son insu.

Je crois à la liberté, parce que je trouve sa trace dans tout le développement de la pensée humaine. C'est parce que je crois à la liberté que je suis devant vous ce soir, vous conjurant d'en reconnaître l'ennemie dans l'apathie de la conscience. Ne disons plus « fin de siècle », disons sommeil de la conscience, oubli de l'idéal. L'expression sera moins sonore, mais plus juste. Elle bercera moins notre paresse, mais elle nous donnera une notion exacte des faits. Il y a toujours profit à regarder la vérité en face, quelque gênant que son rayonnement nous soit à certaines heures.

### III

Comment s'est endormie la conscience, comment s'est éteint l'idéal, comment, en un mot, s'est formée la froide indifférence qui pèse sur nous ? Il nous reste à le voir. Nous pouvons le rattacher à trois sources :

La désillusion,

Le progrès des connaissances,

La hâte de vivre.

La désillusion. — Notre siècle n'a pas tenu ce que promettait son aurore, et tout particulièrement notre génération n'a pas donné ce qu'elle attendait d'elle-même.

Ce siècle promettait la liberté ; il est fini tantôt, et nous voyons à peine poindre une ère vraiment libre.

Il promettait le bonheur social, et la lutte entre les classes, pour avoir changé de terrain, n'est ni moins vive ni moins amère qu'il y a cent ans.

Il promettait la paix, et la guerre n'a jamais été aussi imminente et aussi terrible à entrevoir que de nos jours.

Il promettait la vérité, et il a été surtout fertile en turpitudes et en mensonges.

Notre génération, venue à la vie avec de nobles et vastes aspirations, mais mal préparée à leur application pratique, s'est vu déborder par les événements ; elle s'arrête lassée et déconvenue, se demandant à quoi bon l'effort des premiers jours.

De là une profonde tristesse paralysant l'activité alors qu'il devrait en sortir un élan tout nouveau, un désir de se reprendre et de mieux faire... si l'on avait devant soi un idéal auquel on croie.

L'extension sans précédent des connaissances, l'accumulation ininterrompue, dans tous les domaines, de découvertes insoupçonnées, ont donné le vertige à l'esprit public. On s'est cru au-dessus de toute loi parce qu'on avait enchaîné la vapeur, domestiqué l'électricité, supprimé les distances. La vulgarisation des sciences a permis à bon nombre d'acquérir à peu de frais un bagage superficiel les portant à se croire initiés aux secrets de la nature, et l'orgueil individuel s'est développé de façon anormale. On n'a pas su, entraîné par cette erreur, voir que ce que nous possédons de science n'est rien comparé à ce qui reste à savoir. On a commis l'erreur de Bernardin de Saint-Pierre, enfant, qui cherchait le bout du monde parce que l'horizon semblait à ses yeux toucher le sol. On a tranché hâtivement une foule de questions dont la solution précipitée a produit

le doute. Or, le doute n'est pas un repos; il n'apporte aucune satisfaction. Le doute est une faim inassouvie, une
soif non étanchée, un état d'inquiétude et de trouble.

Au point de vue religieux, particulièrement, notre temps
souffre de la désillusion et du progrès des connaissances.

On espérait que la Religion, — j'entends celle de la majorité d'entre nous, — tenant compte du « siècle de lumières »
où nous vivons, éclairerait quelques-uns de ses mystères
gratuits, c'est-à-dire de pure convention. Et c'est le temps
que l'on choisit pour proclamer l'Immaculée Conception et
l'Infaillibilité papale! Je n'insiste pas sur tant d'autres inconséquences. Je ne fais pas, pour l'instant, de polémique;
je m'appuie seulement sur ce que de bons catholiques pratiquants reconnaissent aussi bien que moi. Par là on a
brouillé nombre de beaux esprits et de bons cœurs avec
toute vérité religieuse. Pour avoir voulu trop faire croire on
a produit l'incroyance. Quoi de plus déplorable !

D'autre part, les connaissances modernes mal examinées,
mal assimilées, ont causé du tort, un tort considérable à la
pensée religieuse. Oui, je soutiens que c'est le fait d'une
fausse application de la science et d'un mauvais usage de
ses résultats partiels. On s'est trop pressé d'établir l'antagonisme de la foi et de la science.

Parlez-moi de l'antagonisme d'une certaine *forme* religieuse avec la science *contemporaine* et je vous comprendrai; mais la *foi* est supérieure à cela. Plus que jamais, je
maintiens et je proclame l'antique adage : « Un peu de
science éloigne de Dieu; beaucoup de science y ramène ! »
Je ne suis pas prophète; mais je vois cependant l'avenir là !

Ce qui permet, d'un autre côté, à la littérature immorale
de se répandre et aux mœurs de péricliter, c'est la hâte de
vivre et d'accumuler dans le plus court espace de temps le
plus possible de sensations. Effet à la fois, de ce qui pré-

cède et cause tout ensemble, cette disposition vient d'un faux sens de l'indépendance et de l'obligation pour chacun d'observer la loi morale au même titre que son prochain. De là aussi le mal dont souffre la famille. Tant que l'enfant est petit, c'est un jouet, non pas un être à préparer à la vie sérieuse; plus grand il devient un tyran, fort habile à exercer la fonction qu'on lui a enseignée à grands frais. Là, peut-être plus que dans bien d'autres domaines, on est puni par où l'on a péché, car on se prive de grandes joies et de bien douces satisfactions en n'entretenant pas dans la famille l'idéal simple et sain du *devoir* présent et non du *plaisir* présent.

IV

Ainsi, le mal dont nous souffrons, dans tous les domaines que nous avons parcourus, et pour toutes les raisons que nous avons énumérées, est un mal essentiellement *moral*.

Et si nous lui maintenons le nom déjà prononcé d' « *absence d'idéal* », nous le désignerons suffisamment.

Reconnaître un mal, c'est appeler un remède. Où trouverons-nous le nôtre? — Dans la recherche d'un idéal, il va de soi. Mais comment le déterminer?

Un idéal, c'est un but supérieur vers lequel on marche à travers et par le moyen des circonstances ordinaires. L'idéal à choisir doit donc être déterminé par le genre d'activité auquel il correspond.

Prenons la Société en général. Dans les relations entre ses membres, la règle d'or, la loi suprème à laquelle chacun ait intérêt et satisfaction à obéir, est celle qui sauvegarde les droits tout en imposant le devoir, et qui répartit également charges et profits; nous avons nommé l'*équité*.

Or, la formule de l'équité se lit dans une des plus sublimes paroles qui aient été prononcées, dans cette déclaration de Jésus-Christ :

« Ce que vous voulez que les hommes fassent pour « vous, faites-le de même pour eux ». (1)

Que cette règle soit appliquée et les autres lois n'auront plus de raison d'être ; le bonheur sera permanent ici-bas.

Utopie ! dira quelqu'un. Certainement, utopie, si l'on veut obtenir cela du jour au lendemain et tout accompli d'avance ; mais douce et sublime espérance si l'on s'efforce d'atteindre ce but par un labeur persévérant et personnel s'étendant peu à peu. Le bien a sa contagion comme le mal a la sienne.

Ce principe, c'est l'antithèse de l'égoïsme et de l'orgueil, les deux fléaux qui dévorent nos cœurs et empoisonnent nos existences ; c'est la semence de la justice, le lien de la solidarité, hors desquelles nous ne sommes que des atomes épars, jouets inconscients de puissances aveugles.

L'idéal de la famille, c'est le *devoir*. Devoir des époux, devoir des parents, devoir des enfants. Ainsi orientée, la famille est la grande école du devoir en soi, obscur parfois, mais toujours agissant, et toujours bienfaisant dans la vie. Heureux qui connait une famille marchant sous ce drapeau ! Là se forment les caractères, se trempent les énergies. Là se dressent les hommes utiles et les femmes bienfaisantes ! Malheur, par contre, à qui méconnaît ou abandonne cette voie de bonheur !

Telle famille, telle Société. Il ne faut pas l'oublier. Demandez à nos chefs d'institutions quels sont leurs meilleurs élèves, à nos officiers leurs meilleurs soldats, à la nation ses meilleurs citoyens, hommes d'ordre, de bonne foi, de devoir en un mot : partout ou presque partout on vous montrera des sujets sortant de familles bien dirigées.

---

1. Evang. de Mathieu, ch. VII, 12.

D'où vient, par exemple, qu'en général les familles nombreuses réussissent mieux? De ce que, forcément, il y faut plus de discipline, et que chaque membre y acquiert une notion moins exagérée de la valeur de sa petite personne.

« Non ce qui me *plaît*; mais ce que je *dois* », telle est la devise de la famille ayant à cœur de remplir dignement sa fonction.

Pour terminer, nous nous arrêterons à l'idéal religieux. Nous le trouvons habitant la *conscience.*

« Ce que Dieu veut, c'est que vous deveniez meilleurs », (1) écrit l'apôtre Paul.

Nous touchons ici la formule religieuse, pratique par excellence. Ce qui me rend meilleur, voilà ce que je dois chercher dans la religion qui m'est offerte.

La *forme* n'importe pas ; ce n'est qu'une apparence dépourvue de valeur morale.

La tradition n'importe pas. Elle est entachée des faiblesses humaines, des erreurs et de l'ignorance des siècles.

Ce qui importe, c'est ce qui est capable d'élever l'âme, de lui inculquer des sentiments nobles, de développer ses aspirations vers la lumière, la justice, la vérité.

Ce qui importe, c'est ce qui nous élève au-dessus de l'instinct aveugle, pour nous conduire au libre discernement du bien et du mal. Or, le sens par lequel nous pouvons réaliser cela, c'est la conscience.

« Équité, Devoir, Conscience. »

J'abandonne en toute sécurité cette devise à votre méditation. Elle est simple, elle est juste, elle est noble, digne de l'attention de quiconque ne se résout pas à la vie instinctive.

La contempler, c'est déjà s'élever d'un degré vers le

---

1. Épître aux Thessaloniciens, IV 3.

but à atteindre ; c'est déjà battre en brèche l'absence d'idéal, le mal qui nous enserre et menace de nous entraîner aux abîmes.

Mais trois mots à contempler ne suffisent pas à donner la victoire. En eux il n'y a point de magie. Il faut se pénétrer de ce qu'ils signifient et les mettre en œuvre chacun dans sa vie personnelle.

Seulement, pour en venir là, il faut reconnaître le mal que je me suis efforcé de vous faire toucher, en mesurer l'importance, en désirer la fin.

« *Il faut vouloir.* »

Or, vouloir, c'est être libre. Prenons garde qu'en négligeant l'habitude de vouloir, nous n'arrivions à nous désintéresser de la liberté.

En ce sens, vouloir, c'est pouvoir, car l'homme fait les circonstances plutôt que les circonstances ne font l'homme. Nous espérons en l'avenir ; l'avenir sera ce que nous voudrons. Tel père, tel fils, dit-on. Demain sera fils d'aujourd'hui. Voulons-nous demain l'équité cherchons-la dès aujourd'hui. Voulons-nous demain le devoir, appliquons-nous y dès aujourd'hui ; voulons-nous que demain la conscience soit notre guide religieux, écoutons dès aujourd'hui sa voix.

Par ce moyen, et par ce moyen seulement, nous cicatriserons la plaie par laquelle s'échappe la force vive de notre pays. Nous nous ressaisirons, et nous connaîtrons des joies nouvelles et des jours plus heureux.

*Tonnerre, Décembre 1893.*

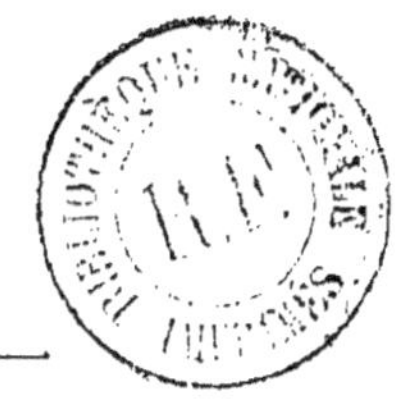

TONNERRE. — IMPRIMERIE E. BERTRAND